# LA FAMILLE DES RICHIER

D'APRÈS LES TRAVAUX LES PLUS RÉCENTS

PAR

Léon GERMAIN

MEMBRE DE L'ACADÉMIE DE STANISLAS
BIBLIOTHÉCAIRE-ARCHIVISTE DE LA SOCIÉTÉ D'ARCHÉOLOGIE LORRAINE
CORRESPONDANT DE LA SOCIÉTÉ NATIONALE DES ANTIQUAIRES DE FRANCE

Extrait des *Mémoires de la Société des Lettres, Sciences et Arts de Bar-le-Duc.* — Tome IV, 2º série (1885).

BAR-LE-DUC
IMPRIMERIE L. PHILIPONA ET Cⁱᵉ

1885

# LA
# FAMILLE DES RICHIER

# LA
# FAMILLE DES RICHIER

D'APRÈS LES TRAVAUX LES PLUS RÉCENTS

PAR

**Léon GERMAIN**

MEMBRE DE L'ACADÉMIE DE STANISLAS
BIBLIOTHÉCAIRE-ARCHIVISTE DE LA SOCIÉTÉ D'ARCHÉOLOGIE LORRAINE
CORRESPONDANT DE LA SOCIÉTÉ NATIONALE DES ANTIQUAIRES DE FRANCE

EXTRAIT DES *Mémoires de la Société des Lettres,
Sciences et Arts de Bar-le-Duc.* — Tome IV, 2ᵉ série (1885).

BAR-LE-DUC
IMPRIMERIE L. PHILIPONA ET Cⁱᵉ
—
1885

# LA
# FAMILLE DES RICHIER

#### D'APRÈS LES TRAVAUX LES PLUS RÉCENTS

~~~~~~~~~

Depuis quelques années, la curiosité du public et les recherches des savants se sont portées d'une façon particulière sur l'histoire de l'art français; la Lorraine ne pouvait rester à l'écart de ce mouvement général, et, parmi les noms célèbres auxquels des publications importantes ont été consacrées, celui de Ligier Richier, plus que tout autre, attire actuellement l'attention. Le grand sculpteur n'est pas indigne de ce privilège : l'inconnu de sa vie, l'originalité de son génie, sa carrière artistique écoulée presque, sinon tout entière, dans notre pays, enfin, les œuvres remarquables qui nous restent de lui et de son école, tant de motifs, rarement réunis, font comprendre l'intérêt qui s'attache au chef de l'atelier de Saint-Mihiel, et aux élèves formés par ses leçons.

Au siècle dernier, à peine connaissait-on le nom de l'auteur du *Sépulcre*. En 1708, Gucudeville l'appelle « Hugues de Saint-Mihiel » (1). Pour la première fois, en 1751, Dom Calmet lui

(1) *Atlas historique. Dissertation sur la Lorraine*, p. 154.

donne son véritable nom, mais avec une hésitation bien voisine de l'incertitude, et, parmi les renseignements recueillis par lui, combien peu sont authentiques !

De nos jours, les travaux de MM. Dumont, H. Lepage, Dauban, plus récemment ceux de MM. Dannreuther, Bonnet et l'abbé Souhaut, enfin les recherches que poursuivent encore MM. L. Maxe-Werly et Natalis Rondot, ont apporté des éléments bien précieux pour l'histoire de Ligier et de ses successeurs. Cependant, il reste beaucoup à faire.

Après l'attribution critique des œuvres de Richier, après le classement des faits authentiques et des dates qui doivent servir de jalons pour reconstituer l'existence des différents membres de la famille, rien n'est peut-être plus nécessaire que de chercher à établir la généalogie de ces artistes, de manière à connaître leur parenté, l'époque de leur naissance, de leur mariage, de leur décès, afin aussi de mieux comprendre leurs destinées par l'examen de leurs relations sociales.

Nous avons lieu d'espérer que le froid et aride travail dans lequel nous allons essayer de grouper les nombreux renseignements relatifs à chaque membre de la famille des Richier, qui étaient restés disséminés jusqu'à ce jour, offrira quelque utilité pour les recherches futures ; il permettra de saisir l'état des connaissances acquises et des hypothèses formulées dans les dernières publications. Ces hypothèses concernent surtout les attributions artistiques, et des études toutes récentes nous persuadent que beaucoup d'entre elles seront à réformer ; mais l'heure de revenir sur ces questions n'a pas sonné encore.

Bornons-nous donc à étudier la parenté des différents membres de la famille avec Ligier, puis à énoncer sommairement, sans les discuter, les œuvres attribuées à chacun d'eux.

### LE PÈRE DE LIGIER.

#### *Jean I$^{er}$ (?).*

Il est bien extraordinaire qu'aucun des écrivains qui se sont occupés de Ligier Richier, ne paraisse avoir eu connaissance du très curieux *Catalogue des archives de l'abbaye de Saint-Mihiel*, qui fut imprimé en 1853 (1); les circonstances auxquelles il dut de voir le jour mériteraient pourtant d'être rappelées, car elles présentent un intérêt sérieux. Mais ce n'est pas ici le lieu de nous étendre sur ce document étrange, et nous devons nous borner à en transcrire le numéro suivant :

297$^b$. « Notices sur Ligier Richier et le s. sépulcre, de la main de Mr. Marchand.

» Nous y avons ajouté un rôle original de la taille de St-Mihiel, en 1503, dans lequel, au verso du 4$^{me}$ feuillet, on trouve JEHAN RICHIER, *qui paraît être le père de notre artiste* (2). »

### LA MÈRE DE LIGIER.

### *N. Dagonville* (?).

L'exactitude de la tradition suivant laquelle Ligier serait originaire du village de Dagonville, est infirmée par les lettres patentes du duc de Lorraine, lesquelles, en 1530, déchargeant le grand sculpteur du payement de toutes tailles, le disent *natif* de Saint-Mihiel. Mais, vers la fin du XV$^e$ siècle, existait dans cette ville une famille nommée *Dagonville*, qui habita une maison contiguë à celle des Richier, et dans laquelle on pourrait, ce semble, chercher sans trop de témérité la mère de Ligier. De la sorte, la tradition ne serait pas complètement fausse; il y aurait seulement eu confusion entre le nom d'une famille et celui d'une localité, erreur des plus fréquentes.

M. Dumont nous apprend, en effet, que la maison voisine de celle de Ligier, dans la rue Haute-des-Fosses, appartint « à

---

(1) *Catalogue des archives de l'abbaye de St. Mihiel, en Lorraine, Paris, 1853* (imprimé chez G. Grote, à Hamm sur Lippe). Une couverture spéciale, impr. à Paris, porte : « *Catalogue de cartulaires*, Paris, Edwin Tross, 1853. » L'introduction est signée : « D$^r$ L. Tross, Hamm s. Lippe. Westphalie, Prusse. »

(2) Nous devons prévenir que l'auteur du *Catalogue* a, dans quelques passages, confondu la famille de Ligier Richier avec celle de Didier Richier, le héraut d'armes.

Jean Martinot, et, après lui, *à Jehan Dagonville* (1). » Il ne dit pas l'époque, mais l'orthographe *Jehan* n'est pas postérieure au xvie siècle, époque à laquelle on commença à écrire *Jan* et *Jean*.

Toujours sans indiquer d'époque, M. Dumont cite, comme ayant reçu la sépulture dans l'église abbatiale, à l'entrée de la chapelle des Abbés : « Nicole Dagonville, aumônier, qui donna 2 fr. (2). »

Nous ne serions pas surpris que cette famille ait porté plus anciennement le nom de *Magulot*, qu'elle aura ensuite délaissé pour celui de son lieu d'origine. En parlant des sépultures de la chapelle de Notre-Dame, dans la même église, M. Dumont indique : « Jehan Magulot de Dagonville, et sa femme, et Jehan, leur fils, 17 fr. (3). » — En 1454, au nombre des officiers municipaux de Saint-Mihiel, le même auteur cite : « Jacquemin Maguillot (4). »

Ce nom fut, plus tard, porté par un vicaire général du diocèse, comme l'apprend le document suivant : « Grande charte originale du 6 novembre 1548, par laquelle Maguillot, vicaire général de l'évêque de Verdun, confirme la fondation de la chapelle du *Saint-Sépulcre* au cimetière du monastère de Saint-Mihiel, faite par Dom Loupvent, prieur de Saint-Mihiel, après son retour de la terre sainte (5). »

LA FEMME DE LIGIER.

*Marguerite Royer ou Rouyer.*

Le nom de la femme de Ligier Richier nous est révélé par

(1) Dumont, *Hist. de Saint-Mihiel*, t. IV, p. 184.
(2) *Ibidem*, p. 14. — Parlant d'un nouveau jeu d'orgues qui fut terminé en 1683, M. Dumont (*ibid.*, t. II, p. 124) dit : « Le premier organiste à qui il fut confié, se nommait Joseph *Dageville*, qui recevait 450 francs d'appointement. » Nous ne nous souvenons pas d'avoir retrouvé ailleurs ce nom; comme les caractères *e* et *o*, en minuscule gothique manuscrite, offrent la plus grande ressemblance, l'original n'aurait-il pas porté *Dagouille* (avec une abréviation sur l'*o*), c'est-à-dire *Dagonville* ?
(3) *Ibidem*, t. IV, p. 19.
(4) *Ibidem*, t. III, p. 347.
(5) *Catal. des arch. de l'abb. de St-Mih.*, n° 296.

deux actes retrouvés à Genève par M. Grivel, archiviste d'Etat, à la suite des recherches demandées par M. Jules Bonnet (1). Ces documents importants, une quittance de Ligier, du 2 août 1566, et le partage de sa succession, daté du 11 avril 1567, appellent la femme du grand sculpteur *Marguerite Royer*. Nous savons, d'autre part, que le mariage eut lieu, à Saint-Mihiel, vers 1530, puisqu'à cette époque, et à l'occasion de l'événement, le duc Antoine donna à Ligier des lettres d'affranchissement de toutes tailles et impositions (2). « Liegier Richier (dit le souverain)..., natif et à présent demourant en ceste nostre ville de Saint-Mihiel..., s'est puis naguieres marié soubs nous en ce dit lieu... » De cette expression *soubs nous*, M. l'abbé Souhaut (p. 75) croit devoir conclure que le mariage avait eu lieu en présence du duc; elle signifie simplement, ce nous semble, que les époux étaient tous deux ses sujets, et contractaient alliance dans ses états, *sous son autorité*.

Voici l'indication d'une parente de Marguerite Royer :

Jean Richier, présumé petit-neveu de Ligier (v. Jean IV), eut pour marraine « Nicolle, femme à Claude Lescarignat ». Or, la même personne figure, dans un autre acte (3), sous le nom de « Nicole *Royer*, veuve de Claude Lescarignat »; quel est cet acte? celui du baptême de François Jacquier, frère aîné de Pierre (4), que tint plus tard sur les fonts Marguerite Grolot, femme de Gérard Richier (fils de Ligier). Ainsi, le doute n'est guère possible : Nicole Royer appartenait à la même famille que la femme de Ligier.

D'un autre côté, ne doit-on pas être disposé à voir un proche parent ou allié de *Gérard* Richier, fils de Ligier, en la personne

---

(1) Jules Bonnet, *Ligier Richier*, extr. du *Bull. du protestantisme français*, 1883.
(2) Arch. de Meurthe-et-Moselle, B. 19. — Texte imprimé par MM. : H. Lepage, *Quelques notes sur des peintres lorrains...*, dans *Bulletins de la Soc. d'Arch. lorr.*, 1854, p. 24; Dumont, *Hist. de Saint-Mihiel*, t. IV (1862), p. 403; Dumont, *Nobil. de Saint-Mihiel*, t. II (1865), p. 466; Souhaut, *Les Richier...*, p. 74.
(3) Dumont, *Nobil. de Saint-Mihiel*, t. I, p. 338.
(4) Dans la pétition de 1560 figure : « Pierre Jacquier, dit ...?... boulanger. » M. Dannreuther ajoute (d'après M. Dumont, *Hist. de St.-Mih.*, III, 348) qu'il fut maire en 1566.

de *Gérard* ROUYER, dit Courbas, qui était architecte, travailla avec lui aux fortifications de Nancy, en 1598, et habitait Saint-Mihiel ?

A cette époque, on écrivait assez indifféremment *Royer* et *Rouyer*, car la prononciation ne différait presque pas ; de nos jours, on dit d'habitude *Roi-ié* et *Rou-ière*, mais autrefois c'était plutôt *Ro-ié* et *Rou-ié*. Ce sont évidemment deux formes d'un même nom ; du reste, à l'article d'une famille anoblie appelée *Rouyer*, précisément originaire de Saint-Mihiel, Dom Pelletier fait remarquer l'existence de ces deux variantes (1).

Où, demandera-t-on, avons-nous trouvé le nom de ce parent présumé de Richier ? C'est tout d'abord l'abbé Lionnois qui, dans l'*Histoire de Nancy* (2), nous fait connaître un document important. Par un traité du 10 février 1599, dit-il, en transcrivant un ancien Mémoire sur Nancy, « M$^{re}$ *Gerard Rouyer*, dict *Lorba*, masson et entrepreneur des fortifications, fut chargé de vuyder la terre du bastion *le Marquis*..., etc. » — Plus loin, il est question d'un autre traité passé le même jour avec « *Pierre Royer*, espinglier », qui pourrait bien appartenir encore à cette famille.

Nul doute que *Lorba* ne renferme une erreur de copie ou d'impression ; il faut lire *Corba*, variante de Courbas. M. Dumont (3) nous apprend que « Gerard Rouyer, dit Courbas », fut l'un des premiers habitants de Saint-Mihiel qui bâtirent des maisons dans le quartier des Halles, vers 1588 (4). Il appartenait à une bonne famille, car il ne pouvait qu'être proche parent de « Did. Rouyer, *aliàs* Courba, maçon », qui figure dans la pétition de 1560, demandant la liberté du culte réformé, et qui est assimilé par M. Dannreuther à « Didier Rouyer », com-

---

(1) Dom Pelletier, *Nobiliaire de Lorraine*, p. 717.
(2) Tome I, p. 30.
(3) Dumont, *Hist. de Saint-Mihiel*, t. IV, p. 191. — V. aussi p. 390, où, au nombre des « géomètres et maçons » de Saint-Mihiel, l'auteur nomme « Didier Rouyer, dit Corbat. »
(4) M. Dannreuther a l'obligeance de nous apprendre que ce *Gérard Rouyer* fut reçu bourgeois de Metz en 1615. Il pense que *François Royer*, dit Cassemer, marchand, qui signa la pétition de 1560, pouvait être aussi de la même famille.

merçant notable, lequel fut maire en 1558, construisit l'un des premiers dans le quartier des Halles, vers 1588, et reçut des lettres d'anoblissement en 1598 (1). Toutefois, cette identification n'est pas formellement prouvée (2).

Voici l'acte de naissance d'un Gérard Rouyer, qui ne peut être le même que le précédent, mais lui était sans doute très proche parent; nous l'avons copié dans les registres paroissiaux de Saint-Mihiel :

1589, août. — « Le 14 que dessus a esté baptisé Girard, filz à Jehan Le Rouyer et Judith, sa femme. Parain : Pieron Baillon; maraine : Françoise, femme à Françoys Adam (3). »

Veut-on connaître l'acte de baptême d'un autre enfant des mêmes? Voici :

1591, octobre. — « Ce 27 a esté baptisé Jehan, filz à Jehan Le Rouyer et Judith, sa femme. Parain : David Henry (4); maraine : Marguerite, femme à Jehan de Manonville. »

Cette famille, comme celle des Richier, affectionnait le prénom de *Jean*. On verra plus loin que la marraine de Joseph Richier, fils de Gérard, fut Françoise, femme de *Nicolas Rouyer*. Il est donc difficile de nier une parenté entre les deux familles.

Nous l'avons dit plus haut : l'identification de Didier Rouyer, dit Courbas, avec Didier Royer, manufacturier, anobli en 1598, manque encore de preuves; elle nous semble toutefois présumable, vu les apparences de parenté entre la famille de ce dernier, et celle de Ligier Richier.

En effet, M. Dumont nous apprend que le deuxième enfant de Didier Rouyer et de Suzanne le Dart, fut tenu sur les fonts, le 4 septembre 1591, par « Isaac de la Réaulté » et par « *Nicolle, veuve de Claude Lecarignat*. » Isaac de la Réaulté doit

---

(1) Dannreuther, *Ligier Richier et la réforme à Saint-Mihiel*, ext. des *Mémoires de la Soc. des Lettres, Sciences et Arts de Bar-le-Duc*, 1883. — Cf. Dumont, *Nobil.*, etc.

(2) Elle est cependant très probable, ainsi que nous le dirons plus loin.

(3) Dans la pétition de 1560 figurent « Thoussaint Adam », « Jean Adam », et « Claude Adam ».

(4) Dans la pétition de 1560 figure « Jean Hanry, pelletier ».

être le cousin germain de Mathieu de la Réaulté, parrain de Joseph Richier, et l'on reconnaît, dans la marraine, *Nicole Royer*, dont la parenté ne prête guère à la discussion.

Le quatrième enfant du même Didier Rouyer eut pour parrain, en 1595, *Claude Jacquier* (1), sûrement proche parent de Pierre Jacquier, anobli en 1624, dont, comme on le sait, les deux premiers enfants furent tenus sur les fonts par des parents de la famille Richier.

Il y a donc de sérieuses probabilités en faveur de l'identification de *Didier Rouyer*, dit *Courbas*, avec *Didier Rouyer*, anobli en 1598, comme aussi de la communauté de famille : 1° de ce dernier, 2° de *Marguerite Royer*, femme de Ligier Richier, 3° de *Nicole Royer*, femme de Claude Lescarignat, 4° de *Nicolas Rouyer*, mari de Françoise, 5° enfin de *Jean le Rouyer*, époux de Judith, père de Gérard et de Jean.

### LES FRÈRES DE LIGIER.

#### 1° *Claude* (?).

M. l'abbé Souhaut donne deux frères à Ligier Richier ; il se fonde sur la tradition consignée par Dom Calmet et sur des probabilités d'attribution de différents ouvrages ; mais il se trompe, selon nous, en invoquant, en outre, le témoignage de M. Dumont.

« Les recherches de M. Dumont, dit-il (p. 8), l'amenèrent à désigner des noms de *Claude* et de *Jean*, les collaborateurs de Ligier, sans préciser s'ils étaient ses frères ou ses neveux. »

En réalité, dans la partie biographique de son *Histoire de Saint-Mihiel*, M. Dumont s'est exprimé de la manière suivante :

« Plusieurs Richier passent pour avoir exercé la profession de Ligier, notamment *Gérard*, son fils, *Jean* et *Claude*, QUE L'ON CROIT ÊTRE SES NEVEUX... (2) »

---

(1) Peut-être le même que le personnage dont M. Dannreuther (*ibid.*, p. 16, note 2), dit : « En 1610, un Claude Jacquier, teinturier, de Saint-Mihiel, se réfugia à Metz. » — M. Dannreuther nous signale aussi « Didier Jacquier », de Saint-Mihiel, reçu bourgeois de Metz en 1603.

(2) Dumont, *Hist. de Saint-Mihiel*, t. IV, p. 407. — Les actes portant

Et dans sa notice sur Kœurs, qui est postérieure de sept années, le même auteur dit encore : « En 1543, une autre dépense de 7 francs... est faite chez Mᵉ Claude, imagier à Saint-Mihiel, pour 3 images en la chapelle. *Ce Claude était aussi un Richier*, SANS DOUTE NEVEU DE LIGIER (1). »

Comme, cependant, il n'existe aucune preuve certaine qui permette de connaître le degré précis de parenté de Claude avec Ligier, nous admettrons provisoirement l'hypothèse de M. l'abbé Souhaut.

Le même auteur croit reconnaître les initiales de *Claude Richier* sur le retable d'Hattonchatel ; il estime que cet artiste collabora à plusieurs des œuvres de Ligier, s'occupant plus particulièrement de la décoration architecturale ; il lui attribue en outre : les beaux retables de Génicourt (1531), de Domjulien (1541), de Saint-Nicolas, de Neufchâteau ; le bas-relief de l'Assomption, à Kœurs, et deux statues de la collection Moreau (2).

### 2° *Jean II* (?).

Le nom du frère de Ligier, présumé le cadet, et que nous appellerons Jean II, n'existe dans aucun document ; il ne repose donc absolument que sur la permanence de ce prénom dans la famille.

M. Souhaut pense que Jean travailla à Saint-Mihiel, à Nancy, à Solesme, sous l'inspiration et la direction de ses aînés (p. 8). Il lui attribue, en particulier, le jubé de l'église abbatiale de Saint-Mihiel, le calvaire de Troyon, le groupe de la Samaritaine, à Saint-Mihiel, le Christ de la cathédrale de Nancy, enfin le groupe du grand séminaire de la même ville.

le nom de Jean Richier, relatifs soit au petit-fils, soit au petit-neveu de Ligier, sont de dates très postérieures au grand sculpteur ; aussi M. Dumont ne dit-il nullement que les deux artistes en question aient été ses collaborateurs.

(1) Dumont, *Ruines*, t. II (1869), p. 360.
(2) Nous indiquons ces attributions pour mémoire, et afin de les grouper. Dans un autre travail, nous reviendrons sur quelques-unes d'entre elles.

M. l'abbé Souhaut dit, dans une note (p. 303) : « Dans le dénombrement fait à Saint-Mihiel, en 1600, nous lisons le nom de la veuve de Jean Richier. » — Mais est-il prouvé qu'il s'agisse d'un parent de Ligier ? Les actes de baptême de 1592 et 1605, qu'on trouvera plus loin (v. Jean IV) font voir combien ce nom *Jean Richier* était fréquent. Serions-nous obligé de reconnaître un meurtrier dans la famille de nos sculpteurs, lorsque nous lisons (1) qu'une rémission de peine fut accordée, en 1550, à « Jean Richier, qui avait tué son cousin » ?

ENFANTS DE LIGIER.

1° *Gérard.*

L'existence et le nom de Gérard Richier, fils de Ligier, sont prouvés par plusieurs actes ; en outre, M. Natalis Rondot, qui s'occupe avec tant de perspicacité et de succès des artistes anciens, a découvert au musée de Berlin, et a fait reproduire par des moulages, quatre médaillons sculptés par Jean Richier (de Metz), qui représentent son père, Gérard, sa mère, Marguerite Groulot, et les parents de sa femme. Lorsque ces médaillons seront publiés, comme nous espérons que M. N. Rondot ne tardera pas à le faire, on connaîtra, par conséquent, les traits du fils de Ligier. Suivant une communication faite à la Société des Lettres de Bar-le-Duc, par M. L. Maxe-Werly, renfermant de ces médaillons une description que nous reproduirons à l'article de Jean, le premier porte l'inscription : GERARD RICHIER 1600 Æ 66, puis, sur la tranche, J R (en monogramme) F. 1617 ; ce qui met la naissance de Gérard en 1534, et sa mort en 1600.

Nous avons déjà essayé de recueillir les actes qui rappellent ce sculpteur (2) ; il faudra donc nous borner ici à un très court résumé.

En 1559, Gérard s'occupa, avec son père, des dispositions des fêtes données à Saint-Mihiel en l'honneur du duc et de la

---

(1) Dumont, *Hist. de Saint-Mihiel*, t. III, p. 242.
(2) *Monuments funéraires de l'église Saint-Etienne à Saint-Mihiel*, ext. des *Mém. de la Soc. des Lettres de Bar-le-Duc*, 1884.

duchesse. En 1560, il signa la pétition demandant la liberté du culte réformé. Une quittance du 2 août 1566 prouve qu'à cette époque il habitait Genève. Dans la même ville, en 1567, il fit le partage de la succession paternelle. En 1573, on le voit payer, à l'abbaye de Saint-Mihiel, un cens dû pour sa maison. En 1578, revenu dans cette ville, il fut chargé de dresser des plans pour la rectification des rues et places ; en la même année il travailla au palais ducal de Nancy. Pendant plusieurs mois de l'année 1586, il donna asile, dans sa maison de Saint-Mihiel, aux cours de Droit, établis momentanément dans cette ville. Le 21 octobre 1581, fut baptisé son fils Joseph. Le 2 avril 1598, il passa un marché pour la décoration des nouveaux bastions de Nancy. Il mourut enfin, comme on l'a vu, en l'année 1600 ; sa femme lui survécut.

M. l'abbé Souhaut attribue à Gérard quatre remarquables cheminées, exécutées à Saint-Mihiel, puis des statuettes et des bas-reliefs conservés dans la même ville, à Chauvoncourt, à Nancy et à Bar.

Le médaillon de la femme de Gérard porte la légende : MARGUERITE GROULOT. 1614. Æ. 72, et sur la tranche, I R (en monogr.) F. 1617 ; ce qui place la naissance en l'année 1542.

M. Dumont, ainsi que nous l'avons dit ailleurs, fit, le premier, connaître, dans le *Nobiliaire de Saint-Mihiel*, le nom de la femme de Gérard Richier. Le 12 février 1603, dit-il, MARGUERITE GROLOT, *veuve de Gérard Richier*, bru de Ligier, fut marraine de Pierre, second fils de Pierre Jacquier, anobli en 1624. On droit présumer, ajoute-t-il, qu'elle était fille de Toussaint *Grollot*, clerc-juré et contrôleur, et sœur de Mahaut Grollot, qui épousa Jacques le Dart, petit-fils de Didier, anobli en 1529.

Voici le texte de l'acte de baptême, tel que nous l'avons transcrit récemment dans les registres paroissiaux de Saint-Mihiel, conservés dans les archives de la mairie.

1603, 12 février. — « Ce mesme jour a esté baptisé Pierre, filz à Pierre Jacquier et Marie, sa femme. Parain : Daniel Morel; maraine : Marguerite Grolot, vefve de feu Girard Richier. »

Il est très probable que Gérard Richier eut cinq fils : Jean,

Jacob, Daniel, David et Joseph. L'acte de baptême du dernier, le seul connu, porte la date du 21 octobre 1581. A cette époque, Gérard habitait donc Saint-Mihiel, et avait apparemment fait retour au catholicisme. On peut être surpris de lui voir naître un fils aussi tard. Gérard, ainsi que nous le disait M. Rondot, naquit vers 1534... On se mariait jeune autrefois. La date de 1581 serait donc l'extrême limite pour la naissance d'enfants de Gérard. C'est de 1565 à 1570 qu'il faudrait chercher les actes des aînés.

Malheureusement les registres de cette période n'existent plus. D'ailleurs, s'il est probable que le premier enfant naquit à Saint-Mihiel, les noms des deux suivants indiquant, comme choisis dans l'ancien Testament, les tendances protestantes de la famille, permettent de croire qu'ils vinrent au monde ailleurs que dans cette ville.

M. Natalis Rondot nous confirme tout à fait dans cette opinion. « Né vers 1534 », a-t-il l'obligeance de nous écrire, « Gérard était maître en 1560; il avait 26 ans. Il était probablement marié déjà. Il a pu avoir un premier enfant à Saint-Mihiel, quitter Saint-Mihiel quelque temps après son père, et passer quelques années à Lausanne et à Genève. Ses fils Jacob, Daniel (et David), ont dû naître à l'étranger. »

Toutefois les registres paroissiaux de la fin du XVIe siècle et du commencement du suivant attestent, — conformément à la remarque de M. le pasteur Dannreuther, et ainsi qu'on le verra plus loin par des exemples, — que les noms tirés de l'ancien Testament étaient, à cette époque, extrêmement usités à Saint-Mihiel.

### 2° *Bernardine*.

Bernardine, qui nous est révélée par les documents retrouvés à Genève, épousa « noble Pierre Godari (ou Godart), fils de noble Etienne Godari, natif de Saint Myer (Saint-Mihiel) » ; il était sans doute ingénieur ou architecte, car un document, du 8 mai 1559 le qualifie « homme ingénieux pour les forteresses (1). » Tourné de bonne heure vers les idées de la

(1) Jules Bonnet, *ibid*. — Les ducs de Lorraine appelèrent d'Italie

Réforme, il avait quitté sa patrie et habitait Lausanne lorsqu'il dressa, le 20 septembre 1558, par-devant un notaire de Genève, un testament dans lequel il mentionne sa femme et sa fille Marguerite. L'année suivante, Pierre Godari quitta Lausanne pour Genève ; l'acte du 8 mai 1559 atteste qu'il reçut gratuitement le droit de bourgeoisie : mais il mourut peu de temps après, car un acte du 19 octobre suivant mentionne : « Maistre Pierre Godary, ingénieur, décédé. »

Nous lisons enfin le nom de Bernardine dans l'acte de partage de la succession paternelle du 11 avril 1567.

Sa fille, Marguerite Godari, épousa, le 25 avril 1569, à Genève, Jean de Serres, pasteur de Jussy, le futur historien réformé.

les premiers ingénieurs qui travaillèrent aux fortifications de Nancy; peut-être Pierre Godari y était-il allé étudier son art, et y avait-il italianisé son nom. De même, Nicolas *Goberti*, originaire du diocèse de Toul, et qui devint suffragant de Verdun avec le titre d'évêque *in partibus* de Paneade (1508-1543), était allé passer quelque temps à Rome, et y avait évidemment modifié son nom (Roussel, *Hist. de Verdun*). — Dans les lettres-patentes par lesquelles les ducs accordent des faveurs à leurs artistes, ils rappellent volontiers les voyages faits par plusieurs d'entre eux en Italie; on ne voit rien de tel dans l'acte signé en 1530, par le duc Antoine, pour Ligier Richier, ce qui constitue un argument, qu'on ne peut négliger, contre la probabilité de son séjour dans le pays de Michel-Ange.

Postérieurement à la rédaction de ce travail, M. Dannreuther a eu l'amabilité de nous adresser la note suivante, qui constitue un document nouveau sur Ligier Richier et nous apprend que, en 1549, Pierre Godart était architecte en Lorraine et n'avait pas encore italianisé son nom : — Octobre 1549. Gilles de Trèves, doyen de Saint-Maxe de Bar, « par le conseil et advis de M$^{es}$ Légier et Pierre Godart, *maistre masson* », propose à MM. du Chapitre une rectification au projet primitif de la chapelle qu'il voulait édifier, et ce, « en présence des susdits M$^{res}$ Légier et Godart, et aussi du M$^e$ masson de Bar, Jullien le paintre, Michel, son gendre, et plus$^{rs}$ autres. » (Arch. de la Meuse, *Clergé séculier*, vol. I$^{er}$, fol. 198, v°. Registre des chapitres généraux de la collégiale de Saint-Maxe.)

Ajoutons encore que M. Dumont (*Ruines*, IV, 83) mentionne un échange, en 1511, dans lequel est comprise *Jeanne Godary* de Maizey, fille de corps du duc audit lieu.

PETITS-FILS DE LIGIER.

1° *Jean.*

Jean Richier, fils de Gérard, comme le prouve son acte de mariage, vécut dans la religion réformée et alla habiter Metz, dont il fut reçu bourgeois au mois de juin 1607. Dans les premiers jours de mars 1615 (1), il épousa Judith de la Cloche, fille de Claude de la Cloche, orfèvre (2) à Metz, et chef d'une des premières familles protestantes du pays ; il mourut le 16 décembre 1625. On connaît de lui différents travaux de sculpture, exécutés à Metz (3).

Voici la note relative aux quatre médaillons sculptés par Jean Richier que M. L. Maxe-Werly a lue, dans le courant de cette année, devant la Société des Lettres de Bar-le-Duc, et qu'il a bien voulu nous autoriser à reproduire ici.

MÉDAILLONS DE JEAN RICHIER, AU MUSÉE DE BERLIN.

«... Sans revers et de forme ovale, mesurant 90$^{mm}$ sur 68, ces quatre pièces forment deux groupes bien distincts ; faits à un an d'intervalle, leur exécution est un peu différente, les personnages n'ont point la même position, leur costume s'est modifié et sur l'un de ces groupes l'artiste a inscrit son monogramme sur la tranche du buste et non dans le champ. Toutefois ces quatre médaillons forment un tout inséparable, dans lequel on reconnaît une même main, reproduisant ses sujets sans leur avoir fait prendre une pose de convention, et surtout sans avoir prétendu les idéaliser. Tous quatre sont la portraiture fidèle des parents de Jean Richier, et, si le médailleur n'a point fait une œuvre qui le place au premier

---

(1) L'époque tardive de ce mariage nous fait quelque peu douter que Jean ait été l'aîné des enfants de Gérard.
(2) Et non *ministre*, comme l'a dit par erreur M. Abel (*Bull. de la Soc. d'arch. de la Moselle*, 1863, p. 39.)
(3) On le voit, nous dit M. Dannreuther, exécuter quelques travaux, notamment, en 1612, la fontaine Saint-Jacques à Metz, avec *son neveu* Toussaint Hainzelin, de Saint-Mihiel, fils de Florentin Hainzelin.

rang parmi les artistes français du XVIe siècle, si son talent est loin d'égaler celui de Jacob Richier, il a du moins le mérite de nous avoir laissé le portrait exact de Gérard, le fils de Ligier Richier.

### 1° — CLAVDE DE LA CLOCHE. Æ. 64.

Buste à droite, portant le col droit.
Au-dessous : IR. (en monogramme) F. 1616.

» Ce Claude de la Cloche est le père de Judith, femme de Jean Richier; il avait épousé Barbe Hayotte, dont le nom peut être reconnu dans celui de Hazotte donné à l'un des signataires de la pétition de 1560.

» Ce nom de Hayotte est assez répandu dans notre région il est encore porté par une famille de Bar.

### 2° — BARBE HAYOTTE. Æ. 59.

Buste à gauche.
Au-dessous 1616, sans le monogramme.

» Ces médaillons, exécutés sans doute à Metz dans l'année qui suivit celle de son mariage avec Judith, nous offrent les portraits de ses beaux-parents, Claude de la Cloche, orfèvre, demeurant dans cette ville, et Barbe Hayotte, que l'on peut croire originaire de Saint-Mihiel et fille d'un réfugié, peut-être de Claude Hayotte.

### 3° — GÉRARD RICHIER 1600. Æ. 66.

Buste de 3/4 dirigé à droite, portant la collerette.
Au-dessous, sur la tranche, IR (en monogramme) F. 1617.

» ... Le médaillon de Gérard, en nous indiquant son âge et l'année de sa mort, nous fait connaître l'époque de sa naissance en 1534.

4º — MARGVERITE GROVLOT 1604. Æ. 72.

Buste de 3/4 dirigé à gauche.
Sur la tranche, IR (en monogramme) F. 1617.

» Marguerite Groulot appartenait sans doute à la famille de Toussaint Groullot, notaire à Saint-Mihiel en 1528, et que nous retrouvons clerc-juré contrôleur de la prévôté en 1571, lors de la rédaction des coutumes. La légende de ce médaillon permet toutefois de rétablir avec certitude le nom exact (1) de la femme de Gérard Richier...

» Exécutés longtemps après la mort des personnages qu'ils représentent, les deux médaillons du second groupe doivent avoir été reproduits d'après des portraits qui ne nous sont pas parvenus... »

M. Dannreuther donne trois enfants à Jean Richier.
« 1º Judith, née le 29 septembre 1616, qui eut pour marraine Pauline Joly, fille du procureur général du Roy, femme de Jérémie de Vigneulles. — 2º Jean, baptisé le 5 septembre 1618, qui épousa à Metz, le 5 août 1646, Marthe, fille de Paul Le Bachellé et d'Anne Le Goulon ; il fut reçu ministre à Gien en 1643, et exerça successivement les fonctions pastorales à Bar-sur-Seine, et dans l'église française de Francfort-sur-le-Mein, où il vivait encore en 1680. — 3º Suzanne, baptisée le 2 août 1620. » — Jean Richier et Marthe Le Bachellé eurent deux filles, Catherine, née le 19 février 1631, et Marie, dont on trouve l'acte mortuaire le 3 février 1652.

2º *Jacob.*

L'examen des dates et la religion de Jacob Richier établissent d'une manière à peu près certaine, que cet artiste était

---

(1) Il ne faut pas demander trop d'exactitude pour les noms propres à une époque où l'on voit un nom écrit de plusieurs manières dans le même acte, et parfois des personnes instruites le varier dans leurs signatures.

l'un des fils de Gérard Richier. Il fut longtemps au service du connétable de Lesdiguières et travailla à Lyon ; de là vient qu'il est peu connu dans son pays d'origine. Dans un article sur les sculpteurs de Lyon du XIV<sup>e</sup> au XVIII<sup>e</sup> siècle, publié cette année même dans la *Revue lyonnaise*, M. Natalis Rondot vient de mentionner cet artiste dans les termes suivants :

« JACOB RICHIER (...1608-†1640 ou 1641.)

» Jacob Richier, maître sculpteur, est né à Saint-Mihiel, en Lorraine.

» Il est très probablement fils de Gérard Richier, sculpteur, et de Marguerite Groulot, sa femme. Gérard, né en 1534, était fils de Ligier Richier, un des plus grands sculpteurs français...

» Jacob Richier a épousé en 1615 Jeanne Chaléon, dont il a eu deux fils : David et Charles.

» Il a été au service du connétable de Lesdiguières, et fut le principal décorateur du château de Vizille. Il fit le tombeau de Lesdiguières, le tombeau de la première femme du maréchal, Claudine de Bérenger, et celui de sa seconde femme. Il exécuta des sculptures à Grenoble.

» Richier habita Vizille et Grenoble, puis fit à Lyon un assez long séjour. C'est pendant ce temps qu'il fit les tombeaux de Charles de Neufville, marquis d'Halincourt, gouverneur du Lyonnais, et de Jacqueline de Harlay, sa femme. Ces tombeaux de marbre, surmontés des statues de bronze des personnages, furent élevés dans l'église des Carmélites, à Lyon (1).

» Jacob Richier a modelé la charmante médaille qui présente l'effigie d'une jeune femme parée comme on l'était au temps de Louis XIII, avec la légende suivante :

MARIE DE VIGNON MARQVISE DE TREFFORT.

» Buste de la marquise de Treffort tourné à droite.
» Au bas : I. R. F. 1613.

---

(1) « Charles de Neufville fit faire de son vivant son tombeau ; il est mort en 1642. La statue était signée : *Iacob Richier, 1635.* »

» Cabinet de France : de bronze rouge, 105$^{mm}$ 6. Collection des RR. PP. Jésuites, à Lyon : de bronze clair, 108$^{mm}$ 5.

» Marie Vignon fut aimée du maréchal de Lesdiguières, qui l'épousa en 1617.

» Ce médaillon est l'une des œuvres les plus remarquables que l'art du médailleur ait produites en France (1). »

M. Maxe-Werly a communiqué à la Société de Bar une gravure du beau médaillon en question.

M. Natalis Rondot a l'obligeance de nous écrire en outre : « Jacob Richier était de Saint-Mihiel ; j'en ai la certitude par une pièce originale. Il s'est marié à Grenoble ; sa femme... lui a survécu. — Jacob était dans le Dauphiné à partir de 1611 ; il était au service de Lesdiguières, un maître exigeant et d'humeur difficile ; il a fait trop de travaux de 1611 à 1624, pour avoir pu aller travailler de temps en temps en Lorraine. — Jacob est certainement celui des Richier, avec Ligier, dont l'existence est la plus certaine, dont les travaux ont le plus d'unité, dont l'œuvre est, du moins en partie, la mieux connue. »

Après les éditeurs de l'Abécédaire de Mariette, après MM. Dauban et Maxe-Werly, M. l'abbé Souhaut avait donné différents renseignements sur Jacob Richier ; mais on n'était arrivé à aucune certitude touchant le nom de son père.

L'attribution à lui faite des stalles de Ligny (1631) et des cheminées de Velaisne (1633) paraîtra sans doute contestable, car Jacob n'eut guère le temps de travailler en Lorraine ; le monogramme IR peut s'appliquer tout ausi bien à Joseph et aux nombreux Jean. Il est certain que Jacob est l'auteur du tombeau de Lesdiguières, mort en 1626, et qu'en 1635 il sculpta à Lyon un autre monument funèbre pour le marquis d'Halincourt (2). En 1622, en même temps que le futur connétable, Jacob Richier fit retour à la religion catholique.

(1) Natalis Rondot, *Les sculpteurs de Lyon du quatorzième au dix-huitième siècle*, p. 41-42. (Extr. de la *Revue lyonnaise*, 1884.)

(2) Parlant de Jacob Richier, M. Souhaut (p. 365) dit : « La famille de *Dolincourt* confie encore à l'artiste, en 1635, un tombeau qui suppose sa présence à Lyon. » — Il s'agit sans doute du tombeau de Charles de Neufville, marquis d'*Halincourt*, dont parle M. N. Rondot.

Le dessin du monument de Lesdiguières est-il réellement perdu ? M. Noël possédait, dans sa célèbre collection, le dessin d'un tombeau au bas duquel était écrit : « *Jean Richier*. Fait le 20 juin 1604 à Vizille en Dauphiné. » M. Bonnaire prétendait aussi avoir en sa possession « dans une collection de dessins originaux », deux planches identiques d'ensemble, mais quelque peu variées dans les détails, qui portaient chacune la signature autographe de *Jean Richier*, et la même légende que le dessin de M. Noël.

Ces deux témoignages ne nous inspirent qu'une confiance extrêmement limitée. Nous doutons que ces dessins fussent des originaux et nous soupçonnons l'un de leurs possesseurs d'avoir augmenté, en les altérant, les inscriptions primitives.

Les planches signalées ne représenteraient-elles pas les projets du monument de Lesdiguières ? C'est la question que nous pose M. Rondot dans les termes suivants :

« La légende de ces dessins telle que la donne M. Bonnaire est bien singulière.

» Vizille, en 1604, plusieurs années avant la construction du château de Lesdiguières, devait être un petit bourg, dans lequel on ne s'explique pas qu'un sculpteur ait pu être établi. Mais, admettant le fait, ce sculpteur aurait travaillé à Grenoble, qui n'est guère qu'à trois ou quatre lieues de Vizille (ce que Jacob a fait plus d'une fois), et je ne sache pas qu'aucun ouvrage ait été fait à Grenoble par un Jean Richier. Les comptes ne nous ont pas conservé ce nom.

» Quant à voir dans ce dessin de Jean Richier, fait en 1604, le projet du tombeau de Lesdiguières, œuvre de Jacob, une telle hypothèse est inadmissible. Lesdiguières est mort plus de vingt ans plus tard. Il a fait faire son tombeau de son vivant par Jacob Richier, mais nous savons à quelle date et dans quelles circonstances.

» Les dessins dont parlait M. Bonnaire étaient-ils des originaux ; et, si oui, la légende était-elle réellement contemporaine ? Si on lisait : « J. Richier, fait à Vizille, le 20 juin 1624 », ces dessins seraient de Jacob, et ils pourraient être le projet du tombeau du connétable. »

Déjà nous avions eu occasion de dire que les inscriptions des dessins de M. Bonnaire sont suspectes et qu'on a traduit arbitrairement le monogramme IR par *Jean* et *Joseph Richier*, sans parler de *Jacob* (1).

### 3° Daniel.

Au nombre des enfants de Gérard Richier, il convient sans doute de ranger Daniel. M. Rondot, consulté par nous sur cet artiste, nous répond :

« Voici la seule note que j'aie sur lui : Daniel, fils de Gérard Richier, profession inconnue, était à Nancy entre 1618 et 1624... Je n'ai pas trouvé cette mention dans des pièces originales; elle m'a été donnée verbalement. Par qui ? Je n'en ai aucune idée. »

En admettant qu'il fût l'un des fils aînés de Gérard, et qu'il se maria très jeune, il pourrait être le même *Daniel Richier* qu'on voit, d'après les notes de M. le pasteur O. Cuvier, dont nous devons copie à l'obligeance de M. Dannreuther, habiter Metz en 1580, avec la qualité de *masson*, et y épouser, le 28 octobre 1586, Nicolle, fille de Jean Crépinet, de Lorry-le-Pont.

M. l'abbé Souhaut (p. 310) mentionne Daniel et sa fille, Marguerite, dans le passage suivant :

« En 1620, pour *certaines bonnes considérations*, on voit une somme de 200 francs, allouée par le Duc à Daniel Richier. Ce devait être un petit-fils, ou même un arrière-petit-fils de Ligier, car Marguerite Richier, fille de ce Daniel, aurait apporté en dot, en se mariant à un apothicaire nommé Bidault, la maison dont nous avons admiré le plafond et la cheminée (la maison de Ligier Richier). Mais Daniel n'est pas connu dans les traditions de notre école. »

### 4° David.

M. Abel mentionne David comme le second fils de Ligier

(1) *Notice sur le tombeau de Warin de Gondrecourt*, p. 22 et 30, et *Monuments funéraires de l'église Saint-Etienne*, p. 42.

Richier : « Nous le voyons, dit-il, en 1607, à Metz, prêcher avec le titre de ministre (1). » MM. Dannreuther et Jules Bonnet n'ont pas cru pouvoir le mentionner. M. l'abbé Souhaut dit qu'il n'a trouvé aucune trace de lui.

Cependant les notes de M. le pasteur Cuvier nous apprennent que *Benjamin*, fils de *David Richier, ministre,* fut baptisé le 6 septembre 1607. Il eut pour parrains le seigneur Benjamin d'Aumalle (2) et Jean Durant, conseiller du roy; pour marraines, Sara Busselot (3), femme de Pierre Joly, procureur général, et Anne Laronde, femme d'Etienne Mozet. Le nom de la première marraine, dont la famille est originaire de Saint-Mihiel, permet de penser que David sortait aussi de cette ville, et les dates portent à croire qu'il était fils de Gérard Richier ; il est à re-

---

(1) *Bulletin de la Société d'archéol. et d'hist. de la Moselle*, 1863, p. 39.

(2) La famille d'Aumalle nous est peu connue. Dom Pelletier (*Nobil.*, p. 473) mentionne un acte, de 1533, où figure « *Bonne Daumalle*, fille de *Jean Daumalle*, écuïer, seigneur de Nampsel. » M. Dumont (*Ruines*, V, 65 ; *Fiefs de Comm.*, II, 338) rappelle le même fait ; il écrit le nom de la seigneurie *Nampcel* et *Nanceil*, et ajoute que la mère de Jean d'Aumalle était « Lucie de Wispech. » — Au XVII$^e$ siècle, *Ermangarde d'Aumale* épousa Henri-Philippe de Raigecourt (Moréri, 1759, t. X, add., p. 23.)

Nous ne savons si cette famille se rattachait à « *Jean d'Aumale*, chevalier, seigneur d'Espaigny », qui épousa « Jeanne de Soissons-Mareul, vicomtesse de Mont-Notre-Dame », et fut père de *Catherine*, mariée, en 1486, à Jean II de Rennel, chevalier (Moréri, IX, 137). Cette dernière famille d' « AUMALE » portait *d'argent à la bande de gueules, chargée de trois besans d'or*, suivant un fragment d'un tombeau de la famille de Rennel, conservé au Musée historique lorrain.

(3) La famille Busselot, de Saint-Mihiel, était nombreuse ; l'un de ses membres, nommé Jacques, fut l'un des chefs du mouvement religieux réformateur ; il signa, le premier, la pétition de 1560 et, plus tard, se réfugia à Metz ; deux frères, Jacques et Jean Busselot, furent anoblis, à Saint-Mihiel, en 1578. Ce dernier eut une fille, Bonne, qui épousa *Claude Rouyer*, peut-être parente des Richier. Nous remarquons qu'une petite-fille de son frère Jacques, appelée Françoise, fut tenue sur les fonts, le 11 nov. 1621, par *David Chaligny*, et par *Paquotte*, femme de *Daniel Simonin*, boulanger (Dumont, *Nobil.*). Or, on sait par tradition que les célèbres fondeurs Chaligny étaient alliés aux Richier ; Daniel Simonin était vraisemblablement parent de Jean Simonny, parain de Joseph Richier ; enfin les prénoms *David* et *Daniel* furent portés par des enfants de Gérard Richier. Il y a donc lieu de supposer une relation assez rapprochée entre les familles Richier et Busselot.

marquer que Jacob, autre fils de Gérard, donna à l'un de ses enfants le même prénom de *David*.

### 5° *Joseph*.

Voici l'acte de baptême du plus jeune des fils de Gérard :

1581, octobre. — « Le 21ᵉ jour, j'ay baptisé Joseph, filz à Gérard Richier et à Marguerite, sa femme. Ses parains : Jean Simonny ; Mathieu la Reaulté, le jeusne ; sa maraine, Francoyse, femme à Nicolas Rouyer. »

On voit que Joseph eut deux parrains. C'était la règle générale à cette époque, nous dit M. Rondot : « Tout enfant baptisé avait : garçon, deux parrains et une marraine ; fille, un parrain et deux marraines. Des deux parrains d'un garçon, l'un imposait le nom, l'autre répondait avec la marraine. »

Le nom donné à l'enfant, ajoute notre savant correspondant, est bien singulier. « A la fin du xvıᵉ siècle, est-ce que les catholiques donnaient ce nom à leurs enfants ? On ne peut le regarder que comme appartenant à l'Ancien Testament. Comment, en 1581, un catholique, qui devait paraître suspect, a-t-il osé l'imposer à son fils ? »

Essayons de déterminer le second des parrains ; car, du premier, nous ne savons rien, et, quant à la marraine, nous avons déjà fait ressortir la probabilité d'une proche parenté entre Nicolas Rouyer et la femme de Ligier Richier.

Mathieu de la Réaulté le jeune, dont la famille jouissait de la noblesse, ne pouvait qu'être l'un des deux personnages suivants :

1. Mathieu, 9ᵉ et dernier enfant d'Ancherin de la Réaulté (vivant en 1551), et de Claude Gerbillon ; il fut seigneur de Rouvres, près d'Etain, et se maria, en 1611, à Jeanne Xaubourel, veuve d'Etienne Bertrand, seigneur de Brin.

2. Mathieu, fils aîné de Mathieu de la Réaulté (frère cadet d'Ancherin, vivant en 1556), et de Dion Bon ; il paraît avoir épousé, à Saint-Mihiel, « Claude Viardin, fille d'honorable homme Liégier Viardin, huissier en la cour », dont il eut six enfants, tous nés postérieurement à 1582.

Nous croyons que c'est le second qui habita plutôt Saint-Mihiel et qui fut surnommé *le jeune*, afin d'être distingué de son père. C'est évidemment celui-ci (et non son fils, comme l'indique M. Dumont) qui exerçait la profession d'orfèvre et figure dans un acte de 1556.

Cette famille était vraisemblablement parente de celle des Rouyer. On a vu que, le 4 septembre 1591, *Isaac de la Reaulté* et *Nicole Royer* tinrent sur les fonts baptismaux Marie, deuxième enfant de *Didier Rouyer* et de Suzanne le Dart.

M. l'abbé Souhaut attribue à Joseph Richier le tombeau de Warin de Gondrecourt, le monument Dieulewart-Pourcelet, quelques morceaux de sculpture conservés à Saint-Mihiel, enfin les œuvres représentées par les treize planches de M. Morey, que nous avons décrites. D'après les dates de ces dessins, et d'un autre que signale M. Noël (n° 4815), Joseph aurait travaillé : en Gascogne, vers 1603 ; à Paris, en 1604, 1609 et 1625 ; à Saint-Mihiel, vers 1608 ; à Metz, en 1624. Mais, ainsi que nous l'avons expliqué ailleurs, il est probable que plusieurs des œuvres précédentes doivent être restituées à Jean Richier qui travaillait à Nancy à la même époque.

Comme le fait observer M. Rondot, les dessins de Joseph Richier datés de 1603 peuvent être tenus pour suspects. « Pour qu'il ait fait des projets, il faut qu'on les lui ait demandés. Je m'étonne qu'on se soit adressé à un jeune homme de vingt-deux ans, en Gascogne, n'ayant pas même le bénéfice d'une notoriété locale. »

### NEVEU DE LIGIER.

#### *Jean III.*

L'acte d'un baptême célébré à Saint-Mihiel, le 17 juin 1581 (v. Jean IV), atteste — par le prénom de l'enfant, *Jean :* par le nom du père, *Jean Richier;* par celui de la marraine, *Nicolle, femme à Claude Lescarignat* (c'est-à-dire Nicole Royer), — qu'il s'agit d'un membre de la famille de Ligier Richier. M. Souhaut, qui a le premier mentionné cet acte, dit en parlant de l'enfant : « Il était fils d'un Jean Richier, et nous pouvons moralement certifier qu'il faisait partie de la famille de nos illustres sculpteurs, un petit-fils de Claude ou de son plus jeune frère. » Ainsi le père, que nous appellerons Jean III, serait fils de l'un des deux frères de Ligier.

L'acte donne un renseignement de plus, que le même auteur n'a pas fait ressortir : la mère est nommée CATHERINE. Comme les parrains étaient *Jacques* FAGET, *marchand*, et *François* DE BAR, — le même apparemment qui signa, avec cette qualité de marchand, la pétition de 1560, — il y aurait lieu de chercher dans l'une de ces deux familles l'origine de la femme (ou de la mère) de Jean III.

Ce dernier n'est connu par aucun autre document.

PETIT-NEVEU DE LIGIER.

### Jean IV.

Voici l'acte de baptême de Jean IV, fils de Jean III.

1581, 17 juin. — « Le mesme jour, j'ay baptisé Jean, filz à Jean Richier et à Katherine, sa femme. Ses parains : Jacques Faget, marchant; Françoys de Bar; sa maraine : Nicolle, femme à Claude Lescarignat. »

Jean IV semble avoir été, après Ligier et Jacob, l'artiste le plus remarquable de la famille. Nous avons dit ailleurs (1) que, qualifié *maistre masson, demeurant à Nancy*, il s'occupa en 1608 des préparatifs pour la pompe funèbre de Charles III, et travailla, de 1609 à 1615, à la construction et à la décoration de la Chapelle Ducale. Nous avons aussi fait ressortir la part considérable qu'il prit à l'ornementation de la porte Saint-Georges. Enfin nous avons montré qu'il y aurait des raisons sérieuses de restituer à ce sculpteur une partie des œuvres attribuées à Joseph Richier. M. l'abbé Souhaut lui donnerait volontiers aussi les deux bambinos de Saint-Etienne, le groupe de la Charité de la même église, la décoration de la cour de la prévôté-moine, quelques morceaux de sculpture du musée

---

(1) *L'auteur des statues de la porte Saint-Georges*, 1883; *Monum. funéraires de l'église Saint-Etienne*, p. 42.

historique lorrain, deux statues de la collection de M. Moreau, enfin le bas-relief de la *Mise au tombeau* de M. Morey. D'après M. Dauban, Jean Richier mourut en 1624.

Comme Jean Richier, fils de Gérard, fut aussi sculpteur et mourut en 1525, MM. les pasteurs O. Cuvier et Dannreuther ont bien voulu nous faire observer qu'il y aurait peut-être lieu de restituer à celui-ci tous les faits que M. l'abbé Souhaut a mis au compte de Jean petit-neveu de Ligier, l'acte de baptême étant le seul fait dont l'attribution soit incontestable. Toutefois, comme le premier, appartenant à la religion réformée, habitait Metz, tandis que le second est dit « demeurant à Nancy », nous préférons, jusqu'à production de documents nouveaux, respecter l'ordre établi par nos devanciers.

M. Souhaut ayant signalé (p. 310) les actes de baptême de deux autres Jean Richier, en 1592 et 1605, nous avons pensé qu'il importait de rechercher et de publier ces actes ; nous ne croyons pas non plus qu'ils se rattachent à la même famille ; ils font voir combien le nom était répandu à Saint-Mihiel.

1592, octobre. — « Le 7 a esté baptisé Jehan, filz à Jehan Richy et Jeanne, sa femme. Parain : George Gombaux ; maraine : Xptienne (*Chrétienne*), femme à Claudin Pierresson. »

1605, septembre. — « Ce 9 a esté baptizé Jean, fil Jean Richier et Pasquotte, sa femme. Pour parain : Monsieur Warin Gondrecourt, conseillier en la cour souveraine ; et pour marraine : damoiselle Susanne, la vefve de feu François Rutant. »

Les prénoms féminins *Pasquotte* et *Pentecoste* n'étaient pas rares à cette époque.

Nous avons fait connaître Warin Gondrecourt, en parlant de son tombeau, œuvre de l'un des Richier.

François Rutant et Suzanne, dont on ne connaît pas le nom de famille, furent les parents de Florentin Rutant, dit la Rose, né en 1582, anobli en 1599, et marié à l'une des filles de Warin Gondrecourt.

Nous estimons, avec M. l'abbé Souhaut (p. 365), que Jean Richier a pu être le père de Claude, qui suit.

### ARRIÈRE-PETIT-NEVEU DE LIGIER.

## Claude II.

« Je croirais volontiers », dit M. Souhaut, en parlant de Jean IV, « qu'il eut pour fils ce *Claude Richier*, qui fut occupé par les architectes du palais ducal, en 1628, à réparer les désastres d'un terrible incendie, et refit « les corniches de pierre » de taille qui étaient sur la galerie de la salle du côté des » jardins. »

A titre de simples renseignements, nous rappellerons qu'au nombre des officiers municipaux de Saint-Mihiel, M. Dumont (*Hist. de St-Mih.*, III, 353, 355) mentionne :

En 1666, *Claude Richier, épinglier ;*
En 1669, *Claude Richier ;*
En 1709, *C. Richier.*

Nous avons terminé. Mais, peut-être rendrons-nous service en présentant dans son ensemble le résumé de tout ce qui vient d'être dit touchant la famille de Ligier Richier. M. Natalis Rondot, si expérimenté dans ces sortes de recherches, nous invite lui-même à dresser une généalogie. « Ce premier essai figuré, nous dit-il, pourra être inexact en quelques points, mais il aura l'avantage de bien préciser l'état actuel des connaissances. Ce sera un point de départ. Les mêmes faits consignés dans le discours n'ont pas la même valeur ; on les remarque moins. »

C'est donc, en suivant ce bienveillant conseil, que nous offrons, dans le tableau suivant, les résultats de notre travail.

# LA FAMILLE DES RICHIER

RÉSUMÉ GÉNÉALOGIQUE

JEAN I, 1503 (?)
ép. N. DAGONVILLE (?)

| ? | ? | ? |
|---|---|---|
| CLAUDE I 1543 | LIGIER, né vers 1500, † 1567<br>ép. MARGUERITE ROYER, 1530, qui lui survécut | JEAN II (??) |
|  | GÉRARD, né en 1534, † 1600    BERNARDINE, 1558, 1567<br>ép. MARGUERITE GROLOT ou GROULOT  ép. PIERRE GODARI, 1558, † 1559<br>née 1542, † 1614 | ? <br>JEAN III 1581 ép. CATHERINE (Faget ou de Bar ??) |

| JEAN, 1607, † 1625 | | | JACOB 1603, † 1640 ou 1641 | DANIEL 1580-1624 | DAVID ministre | JOSEPH né 1581 | JEAN IV né 1581 |
|---|---|---|---|---|---|---|---|
| ép. JUDITH DE LA CLOCHE, 1615 | | | ép. JEANNE CHALÉON 1615 | ép. NICOLLE CRÉPINET, 1586 | 1607 |  | † 1624 (?) |
| JUDITH née 1616 | JEAN né 1618, 1680 ép. MARTHE LE BACHELLÉ 1646 | SUZANNE née 1620 | DAVID   CHARLES | MARGUERITE ép. N. BIDAULT | BENJAMIN né 1607 |  | (?) CLAUDE II 1628 |
| CATHERINE née 1651 | MARIE † 1652 | | | | | | |

D'APRÈS LES TRAVAUX LES PLUS RÉCENTS

BAR-LE-DUC — TYP. L. PHILIPONA ET C⁰ — 1363

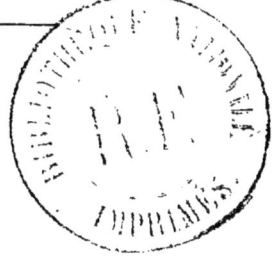

www.ingramcontent.com/pod-product-compliance
Lightning Source LLC
Chambersburg PA
CBHW060916050426
42453CB00010B/1767